비탈 그리고 제비꽃

송연우 시집

송연우 시집

비탈 그리고 제비꽃

지은이 송연우
펴낸이 최명자

펴낸곳 책펴냄열린시
주 소 부산광역시 중구 동광길 11, 203호
전 화 051 464 8716
출판등록번호 제1999-000002호
출판등록일 1991년 2월 4일

인쇄일 2015년 2월 23일
발행일 2015년 2월 25일

값 8,000원

ISBN 978-89-87458-88-5 03810

국립중앙도서관 출판예정도서목록(CIP)

비탈 그리고 제비꽃 : 송연우 시집 / 지은이: 송연우. -- 부산 : 책펴냄열린시, 2015
p. ; cm

ISBN 978-89-87458-88-5 03810 : ₩8000

한국 현대시[韓國現代詩]

811.7-KDC6
895.715-DDC23 CIP2015002591

제3시선 08

비탈 그리고 제비꽃

□자서

시에 항상 사철이 온다

사람이 세 가지 낙을 꼽으라면 부모가 살아 계시고 형제가 무고하고 집안이 무고함이 아닐까. 나의 경우는 한 평생 세 가지를 모두 잃고 살았다. 아버지는 내가 다섯 살 때 돌아가셨고, 오빠는 1950년 한국동란 때 국군으로 출전했다가 전사하였다. 그 이후 우리집 가세는 급격하게 기울고 가정 분위기는 암울함에 빠졌고, 그것은 내가 결혼한 이후에도 지속되었다.

새로 몸 담은 시가도 무고한 것은 아니었다. 늘 핍진한 세월 속에서 나를 버리지 않으면 안되었다.

몇 십년이 지나고 예순을 앞두고 고달픈 삶의 구원을 만날 수 있었고 그것은 시를 쓰는 것이었다.

뼈 아프게 슬플 때나 그리워 질 때 가장 가까운 벗은 자연이었다. 그러나 시간에 쫓기어 산과 바다를 들락거릴 틈이 없었다. 들 복판에서 꽃과 소나무, 태산목 대나무, 산수유를 심어왔다. 이들은 항시 내 편이었다. 꽃과 나무가 자라나자 살 맛이 났다. 올해도 낙매, 능

수매화, 희고 붉은 모란도 피어나려고 벌써부터 준비를 하고 있다. 나무와 화초들은 어떻게 한결같이 성실할까? 이렇게 나에게 시를 안겨주니 내 가족의 일부가 아닐 수 없다.

여기 수록된 시는 동인지와 다른 문학지에 발표된 시들이 대부분인데 일부는 수정하여 묶었다. 나의 일상생활을 시로 엮었다. 몸은 늙어도 마음은 늘 봄이다. 다시 말하면 시는 나를 젊게하고 추억을 되살렸다. 나의 시에는 항상 사철이 오고 있다.

2015. 2 송연우

1

2

3

4

1

하늘의 수화

깊고 먼 한 폭 그림이다
머리 위에서 구름이 그리는 하늘
혼자 도취되어 바라보면
그림이 나를 데리고 흐른다

두려움 하늘에 안겨주고
스스로 길 만들어 가는 구름에
나를 맡겼다 떼 내었다
풍경 가운데 구 구 구 울음 짓는
한 마리 비둘기 하얀 날갯짓은
내가 듣고 있는 수화

향기 나는 잠언 한 줄로 응답하면
구름은 강물처럼 하염없이
내 일기첩 속으로 흘러가는
향기로운 풍경 한 장

후기
—가을 태풍

밤새도록 한숨소리 낭자하더니

온 몸 발가벗기운 산수유

아, 빈 가지다

눈물방울 빈 눈을 물고

노란 꿈 한 그루 뒤척인다

봉황수석에 대하여

꽃잎 눈 뜨는 봄도
물 위에 낙엽 떠가는 가을도
그대 머리 위를 지나가고 있다
보는 입을 모아 소리 없는 노래를
스스로 하게하는 머리만한 돌에서
날고 있는 봉황을 본다
힘찬 날개짓 눈에게 맡기고
소리도 묻어 버린 사연
돌과 한 몸이 되어 살아간다

창밖의 별이 헤아려보고
낮이면 햇살이 어루만져주고
그래도 죽은 듯 살아있는 새
천년이 지나도 해맑고 아름다울
시간을 멈춘 속 그대 참 좋겠다
연한 하늘빛이 구름을 품고
봉황은 옛 상처를 돌에 맡겼다

뜰 안 소나무

뜰 가운데 곧은 소나무 한 그루
사십여 년 명상으로 적요에 들어
솟구치는 무늬결에 흑룡이 서린다

솔잎이 햇살을 씹는 한낮
해가 갈수록 싱그럽게 내놓는 입김
뒤돌아 서서 등을 맡기면
발그레해지는 네 팔이 퉁 퉁
절리는 사슬을 풀어 뒤틀린 온 몸에
가볍게 전해오는 느낌
누구의 손이 이 보다 약손일까

몸 경락마다 솔잎 침을 놓았을까
한층 푸른 나무가 별을 잡고
뻗어간 팔이 믿음직스럽다

장미 싸움

햇살에 반짝이는 눈빛 같은
잎 잎에 꼬물대는 벌레를 잡다가
가시에 찔려 흐르는 핏빛
내 추억 속 보랏빛 상처가 있다
가을날 노란 은행잎 같은
여남 그루 장미를 그이가
스치면 옷깃 잡고 시비 걸어든다고
모두 베어 버린 지 스무 해 되었을까

한낮 서슬 시퍼렇던 그 손이
가시 속 의미를 하나 둘 깨달았는지
작년에 다시 심는 것이 아닌가
보랏빛 장미는 돌아오지 못해도
그 꽃 사랑하다가 저문 가을
꽃 마음 안고 발걸음 옮길 때마다
손가락 끝에 아리는 언어들
장미가 토한 아픔에 젖어든다

밤을 위하여

긴 돌밭 길 피로해진 신발 안에
무수한 별이 들어 와 쌓이자
별빛을 안은 발바닥이
은하수 깊은 강에 빠져 든다
종일 지친 몸을 씻어내는 별은
뜬 눈으로 밤을 지나가고
하루를 벗어나면 또 아침이 오는
깊은 잠은 밤과 단짝이다

밤에 기대선 은목서는
어두움에 깊이 잠드는데
육신은 잠에 들고 아침을 운행하는 신
돋을별 타고 영혼을 데리고 온다
밤이 깊어갈수록 달아나는 강을 따라
어쩌나 마른 잠도 오지 않아
매일 밤 찾는 너, 알프램
내 몸에 들어와 잠을 먹는다

호랑이발톱나무 꽃

수없이 드나들던 직박구리가 씨앗 하나
담 밑에 묻어두고 갔는지 몰래
호랑이발톱나무 한 그루 싹을 틔웠네

십여 년 동안 산기운 차려입고
어깨에 서리 덮어 손 곱아드는데
별을 꼭 닮은 하얀 꽃을 달고
초겨울을 열애하는 중이라네

온기 야금야금 베어 먹고
달콤한 향기 듬뿍 뿜어내는
네가 자랑스러워 깊은 눈을 나누면
지나가던 흰 구름도 눈치 없이
산마루에 걸터앉아 손을 흔드네

사철 푸른 참을성이 꽃이 귀한
초겨울에 그윽하고 향기로운 날숨
벌판에 강물처럼 흐른다네

모란꽃

뜰 안 양지 바른 곳
새벽빛으로 기도에 들고
하양, 분홍, 자주 선명한 꽃들이
동거하는 잎에 설레는 가슴이다
늦은 아침에 꽃잎이 눈을 뜬다
은근한 몸내 날리는 기다림에도
벌 나비 그 누구에게도 휘둘리지 않고
네 안의 안개 길 찾아가는 본치
무한한 빛살에 젖게 한다

꽃밭에 화사한 언어가 없어도 나는
천년 꽃 피운 꿈을 꾼다
황홀한 네 마음이 부르는 이슬에
나를 오래 머물게한다
낮참에서 다음 날 늦아침까지
옷깃을 고이 접고 시간의
내밀한 명상에서 깨어나면

명료한 기억이 햇살 같아서
가슴에 젊은바람을 일으켜 세운다

백목련 설화

—꽃같은 공주는 이웃나라 왕자의 구혼을 마다하고 먼 북쪽나라 용맹한 바다지기의 사랑을 찾아 홀로 길을 떠났다는데 그 남자 집 안마당에 빨래를 널고 있는 풀머리 여인을 보고 절망을 했네. 배신감에 빠진 공주는 바다에 지는 꽃잎처럼 몸을 날리고 말았다네. 바다지기는 바다가 보이는 언덕에 시신을 묻어 주고 그 옆에 제 아내를 죽여 나란히 묻었다네. 옥황상제가 딸의 사랑이 애달파 그 무덤에 백목련 한 그루 점지하였으니—

우윳빛 파도가 가지마다 포말을 날린다
꽃샘이 휘감아 올리고 풀어내리는
봄의 담금질로 뽀얀 속살
가슴에 엉킨 슬픔이 쏟아진다
먼 산정 잔설雪빛
맑은 눈동자 가슴에 와 닿으면
산빛 따라 넉넉한 시선이 날아간다

죽어서 다시 꽃으로 태어나도
북녘 하늘 바라보면 지워지지 않는 생각
눈바람도 숨죽이는 그 날

하나 둘 더듬어 가다보면
꽃샘바람에 지친 상처뿐인 꽃잎
얽히고설킨 가슴 응어리에
실팍한 봄볕 쬐는 어둠은
하염없이 하늘만 우러르고 있다

자라풀꽃

연못에 황금빛 햇살이 녹아드는 오후
금붕어 한 입에도 모자라는
작고 작은 손톱만한 자라풀꽃
꺾어 향기 맡아보니
볼품보다 한 바가지가 더 넘친다

저희들만 사는 여름인 것처럼
틈도 없이 연못을 덮고 있다
물발로 구석구석 기어다니며
내린 하늘을 다 먹을 심산인가보다

별이 내려오면 멱 감을 자리도 없다
스스로 풍겨나는 꽃향기 보답 없이
집착하는 네 몸에 내 손이 부끄러워
꽃대 위에 살포시 가슴을 올려놓는다

산다화

바람은 유리 같이 깊고 투명하다
차가운 가지에 내던지는 모닥불
길 오가는 가슴을 데운다

당신이 뿜어내는 쓴 묵언에
또 하나 다홍빛 불씨를 숨긴다
시간을 딛고 웃는 얼굴 해마다
찾아온 동박새 낯빛이 더 환하고
바라보며 서로 마음 주고받는
눈빛도 저렇게 고울 수 있을까

살을 깎고 뼈를 파낸 가지마다
손이 닳도록 빚어내는 불꽃은
수줍음보다 더 붉은 볼이 시렵다

함박꽃 사연

적홍빛 모란이 진 호젓함 사이로
기억의 단층들이 피워 올리는
오월 겹 분홍 함박꽃 꽃잎
예이제 티 없는 웃음으로
먼 하늘 가슴에 안겨주는데
보살피던 작약을 어떻게 할까

망설이고 망설이다 별 쏟아지는 밤
뿌리째 뽑아내 사물함에 넣고
시집 온 내 뜰에 심은 지 몇 해째
기억 속 나를 보며 눈웃음 친다
긴 세월 함께 돌아보며
참으로 제 잘 챙겨왔다고
귀엣말 고운 입술로 속삭인다

이제 당신은 중년을 훨씬 넘은 나이
해마다 일어서는 꽃기운에

티끌만한 허심이 없으니
물 때 썰 때 다 알겠다

봄이 오는 길목에서

작년에 본 그 여자를 만났다
얇은 색색 빛깔을 한 아름 안고
소리 죽인 걸음
그림자 없이 가볍게 걸었다

그 여자가 지나간 자리엔
흙을 열고 수선화가 올라오고
매화, 산수유 희고 노란 꽃눈이
말을 걸어 올 듯 눈짓을 보냈다

아직 나를 봉해 버리지 않았나보다
뜰에 선 목련 시 한 줄 쓰게 하고
꽃샘 눈 속에서도 한마음으로
나를 보면 뛰어오는 그 여자

가을걷이가 선물한 또 하나

고개 숙인 벼 발목이 베어지자
흰 비닐로 쌓인 짚토미 빈 논에 뒹굴다
미립난 손길에
한낮 같은 사랑을 섞어 마른 삶을 엮는다

살손의 온기 따라 짚풀 한 오라기 두 오라기
가로 세로 엮어가며
다리가 생기고 몸통이 되고
송아지, 강아지, 비둘기 놀던 내 유년 같이
남으로 난 창가 하얀 햇살에 빛나고
벽 쪽에는 시오쟁이, 동구미, 멍석 똬리… 외롭다

초록빛 피가 수직으로 오르내리던
맑디맑은 시간에서 소수나다 끝 연출
흙바람 비바람이 그리운 듯
황금빛 추억을 널어 놓는다

사랑법

산비둘기 기척 없이 왔다가는
봄 정원 한 귀퉁이에 선
절집 태산목
웅장한 고요에 빠져본다

태풍이 불어도
불볕이 쏟아져도
오직 산山손님 독경소리
구구 구구구 구구
바위만큼 무거운 적요일까

나무에 앉으면 옹이로
땅에 주저앉으면 흙덩이로
보이는 깃털
수 십 번 비다듬는 정성이
참 구덥기도 하다

잎마다 맑게 내돋는 초록 한복판
달빛 꽃이 내띄우는 향기
사방으로 흩날리는 푸름 베고
비둘기 한 쌍 봄에 푹 빠진다

비탈 그리고 제비꽃

산에는 솔바람소리, 신갈나무와 명아주나무 비비는 소리…
동박새 노래도 비탈로 내려온다
고요히 구름을 뭉쳤다가 흩어지는 하늘 아래
넓혀진 2차선 국도를 비탈이 굽어본다
벼랑 끝에 아슬아슬 버티어 선 제비꽃 친구들
쉴 새 없이 언덕을 오르는 자동차 뿜어 나오는 매연보다
벼랑에 선 고달픔에 많이 울었을 게다
바람이 휘어잡고 비 회초리가 치고 발목 삐끗하면 굴러 떨어질
애타는 가슴 같은 비탈은 늘 깨어
무너지는 슬픔도 고달픔도 빛깔로 담아 꽃을 피우고 있다
진흙 없이 연꽃은 존재하지 못하고
연꽃이 없어도 진흙은 존재하듯

제비꽃, 이웃한 풀이 없다면
비탈은 얼마나 외롭고 슬펐을까

내 안에서 제발 나가 줘

밤낮으로 손을 뻗어
어린나무 숨통을 감아드는
환삼덩굴 촘촘한 가시

클로버 민들레 제비꽃 달맞이 개망초 여뀌…
옴짝달싹 못하게 묶어놓고
땅에 엎드린 푸서릿 길에도
이웃 어른 아랫사람 목을 조이며 하늘로 오른다

생명줄을 당겼다가 놓았다가
날나리 춤추며 덮치는 힘으로
들깨 밭을 먹고
도랑을 건너 산기슭으로
무작정 뻗어가는 난탕 버릇

늦둥이 소나무에도
세 쌍둥이 달개비 모가지에도 칭칭 동여맨

긴 덩굴 잡아 당겨보니 손이 아리도록
목 조이는 저 무법자들의 까칠한 촉수

흙, 고귀하다

밀양 무안 산골 버려진 땅이
환삼덩굴, 파리풀, 질경이, 지렁이풀
쥐똥나무 발도 살살 다독여주고 있다
땅 위 세상처럼 돌팔이 된 도둑
에바리, 졸때기, 알건달도 어울려 살듯이
흙도 사람만큼 위대하다
나무 밑 반그늘에 사는 옥잠화 한 포기
향기롭게 입바람 불고
상사화 불꽃놀이도 하루해가 짧다
블라우스 단추 같이 배풍등 붉은 열매
나뭇가지에 거미줄 엉켜
왕거미 한 마리 허공을 노려보는 중
천남성은 누르스름한 꽃을 갓난애로 안고 있다
산초, 구기자, 감나무, 엄나무, 토란
발자국소리에 귀 기울이며 고갯짓하는데
하루도 거르지 않고 붙들고 있는 흙, 흙
돌보지도 않고 늘 짓밟기만 하는데도

누구나 받아주는 심곡心曲이 참 구덥다
꽃피우고 살 찌워주는 끝없는 너울가지
손바닥에 올려 비벼보니
코끝에 감도는 아릿한 젖내

소심란素心蘭

옷자락 열고 핀 하얀 꽃
하늘빛 신선한 향기에
변치않는 사랑 한 줌 받아야겠다
잡고 싶어도 잡히지 않고
보고 싶어도 보이지 않는
붓날 같은 곡선을 타고 내렸다가
오르는 투명한 날개
아침 바람은 그대 푸름에 젖어
내 눈길 파도처럼 타고 싶은 걸까
내 어두운 마음 그늘이 그대
다시 피는 인연 속에 잊혀지면
희망 같은 그리움이 번져온다
가늘게 뻗은 그대 날카로움이여
내 슬픔을 끊어내는 향기
두고두고 잊히지 않겠다

2

산사랑

건물이 가려 온 산
길을 나서야만 만날 수 있다
떠났다 다시 돌아와도
눈에 늘 들일 수 있는
단정한 나의 이등변 삼각형

내 깊은 속 사원이 되는 산
하늘빛 담뿍 담고 달려와
쓴 바람으로 이지러진 가슴에
산빛 묵언을 가르쳐 준다

시선이 수십 번 드나들며
물음 없이 일으키는 생각에
멀어도 떨어낼 수 없는 그리움으로
아늑한 집 한 채 가슴에 세운다

슬픔 뒤에 숨은 평화

봄 햇살이 졸고 있는 흙 자락마다
소복소복 내딛는 아기 닮은 풀잎
유년기가 짧아서일까
눈물겹도록 사랑스럽다

비바람에 시달리다 부러지고 찢기는 몸
끝까지 색깔 곱게 간직해
나이 들어 맞이하는 겨울 낮같이
언제 지났는지 모르는 봄 같으면 안 될까?

떨리는 몸으로 생각을 세운 날
영혼은 바람에 맡겼다가 물결에 맡겼다가
하늘에게 물었다가
지나가는 햇살에게 물었다가

이 언덕은 아무 죄가 없는데
가슴에 안개만 일으켜

점점 한 발자국씩 절며가는 걸음
신발 끈 조이며 내가 나를 재촉한다

망대에 대하여

내 마음 으등그러질 때 강가를 돌아
푸르러지는 들길을 걷노라면
가슴에 문드러진 어둠을 누가 가져가는가?

대나무 초리, 그 망대라면
속 시원히 티끌마저 날겠다
아래는 푸른 대숲이 사르륵거리고
댓잎 틈으로 쏘아대는 햇살
빛살들은 대숲 아침도 저녁도 좋으리라

킬리만자로가 적도를 빛낸다면
대초리는 그대를 축하하고 있다
밝은 눈으로 명상을 하며
까치가 까악! 까악!
잠자고 있는 영혼을 깨우고 있지 않는가!

마당을 거닐다가

그대 선 자리가 그리운 까닭은
하늘 끝에서 오시는 햇살
아무 걸림 없이 맞이하고 보내는
그 황홀한 맛과 멋
외롭다

갈색깃털정원사 새

뜨락 이 나무 저 가지에 종종거리는
갈색깃털정원사 새 한 마리
삭정이로 얽어놓은 낮은 둥지에
쏟아지는 별빛이 가득 찬다

집 안밖 비질하고 닦음질하듯
능소화, 장미꽃잎 송이송이 물고 와
둥지 앞뜰 꾸미기에 정성을 다한다
붉고 노란 열매까지 뿌린 집 앞에는
그대 안에 자리한 기쁨이 되고
한 마디 말보다 마음이 열릴까

잠시 나눈 깊은 사랑을 두고 떠난
가엾은 그가 보내는 하늘 축복은
등 뒤 햇살 눈부신 날 무수하리니
긴긴 밤 침묵도 고요하고
아침이면 핏물 배도록 부르는 노래

그대 그리움으로 타는 목마름이다

손 같은 입술로 집을 짓는
나의 작은 갈색깃털정원사는
그대 꿈속으로 달려가고 있을까
겨울 가지에 움트는 노래
어두운 내 뜨락에도 내릴 것이다

군무

누가 바둑을 두고 있는가

매운바람 누웠다 앉았다 하는
바싹 마른 논바닥을 훑다가 쪼아대다가
비상하는 저 함성, 함성 따라
순식간에 바둑알이 떠오르네

겨울하늘 어두운 삶
끼루룩 끼루룩 울음으로
한 점 구름처럼 둥둥 떠올리네
사는 게 힘 드는 지
가슴에서 흘리는 저 슬픈 음계

그러나 겨울로 가는 길 위에서
언제나 동행하는 저들
낙관처럼 서로 눈도장을 찍고
선명한 시간을 같이 나누며

하늘 차고 나는 저
가창오리떼 끈끈한 피

개가를 따지지 않는 바둑판

수인囚人

추진 일도 가리지 않던 손길에
차디찬 눈빛 보내는
작은 네모칸 집에 사는 나를 찾았다
긴 어둠을 걸어 나온 발걸음
질깃한 뚝심에 기대어 일어나는 아침
가을바람 소리보다 더 구슬픈 목소리
풀잎을 쓰다듬는 하얀 햇살도 아지랑일 피운다
긴 세월 달래 온 마음 접었다 펴 보니
세월에 바래져 천 가지 만 가지 조각으로
가을 저문 날 낙엽이 떨어진다
나는 나에게 너무 오래 갇혀있었던가

잊음의 죄

달빛에 그려진 청록빛 나뭇잎 무늬처럼
크고 작은 정갈한 통 네 개
찬장 속 깊이 넣어 두고 꺼내보고
손 탈까 깨어질까 다시 넣어두고 아끼던 그릇
요즘 내놓고 쓴다

귤 사과 깎아 넣어두고
뜨거운 국 차디찬 음식 자주 넣다보면
누르고 부딪치고 더러 흠집도 나는데
내 손엔 전혀 아픔이 없다

생의 그늘진 잉여의 시간을 담아 둔
빈 통 사이 속사랑 담아 준 고운 마음
이십여 년이 지나도 기억나지 않는다
뜨락 나무들은 한 번도 때를 잊은 적 없어
내 언젠가 꽃나무가 되리라는 다짐
그리 될 수 없다는 걸 뒤늦게 알았다

가을은 생의 끝인가

봄 들머리에서 거름을 넣던
손 노동, 마음 고생에 보상하듯
들에는 벼의 겸손이 황금빛이다
가을 끝 제 가슴에서 우러나온
감나무에 사랑이 붉게 걸리고
당신 안으로 사라지는 길 부른다
배풍등덩쿨, 산수유에 붉은 옥구슬
맥문동 청록빛 구슬
눈에 든 찬란함에 흠뻑 젖었다

계절이 지나가는 길목에서
기운이 소진 될 때까지 마음을 갈고 닦아
모가 없는 사랑 여기저기 찬란한데
들바람이여! 쟁명한 가을이여!
또 어이 하리 한번 뿐인 사계절
가을빛에 찌부러지는 이 나무는
어느 곳에 뿌리내려 꽃을 피울까

적은 사랑

직박구리 옆 동박새는
먼 산 하늘을 바라보며
동백 꽃잎을 한 입 물고 있다

살기 위하여 내어준 다홍빛
환하게 편 가슴에 파고들어
밤새 속살에 내린 이슬을 빚고
봄볕에 달이고 달여 낸 꿀물을
'좋은 약 된다' 고 머리 박고
한 모금씩 쭉쭉 들이킨다

몸은 검게 멍이 들어가는데
보여주는 저 적은 사랑
풀잎에 이슬 같아도 목숨줄이다

오갈피나무

새파랗던 잎새 자리도 말라
강물 위로 흘러가게 내어주고
낮은 키를 붙이고 갔다
한번 지은 그대로 쉼 없이 와
사계를 벗어나지 않는
마음을 안아주는 형제
허공을 달려가는 매운바람은
언제나 바람막이 앞에 주저앉고

솟구치는 서릿발 발꿈치에 매달려
나무를 시험에 들게 하던 눈비
숨은 벌레들이 얼어 죽고
비를 기다리는 나무는
오는 봄에 다시 지어낼 집
눈 뜰 밝은 눈 푸르게 감싸 안고
마른 품에 발을 숨겼다

내 삶에 물결친다

바람 잘 날 없는 가슴에
구름 파도가 몰아친다
거친 바람에 흔들리는 가지

안과 밖의 경계에서 출렁이는
시퍼런 줄무늬가 갈마들어
길 위에서 단잠을 앗아간다

하늘이 아등그러지다
도화지에 그린 수평선은 뿌예지고
더위 먹은 새가 나부라진다

밀렸다가 당겼다가
파도 끝에 메밀꽃이 일어선다
찌물쿤 아침 창이 열린다

창문을 열고

한로 부근 뜨락에 핀 괭이꽃
저 넓은 들판 황금빛 파도
하늘 끝 산자락 청록빛이 날아와
울 안 정원과 어우러지네
눈 조리게 한결 날파람같이
밝은 빛 꿈결처럼 깔려오네

바람 타고 밀려오는 새소리에
먼 산빛에 꽃도 어둠을 거두고
뜨락에 잠시 마음을 놓아 보네
바람에 묻어오는 숲 향기가
가슴에 깊은 어둠을 몰아내고
활짝 날개 치는 미쁨이 펼쳐지네

시를 틔웠다

생떼거리에 부딪치고 산다는 것은
푸르죽한 얼룩이 아린
싸늘한 틈새가 자주 시를 틔웠다
위 아래층이 남과 북처럼 나뉘어져

스물다섯평 아래층이 함께 늙어가고
나무 사이로 달빛, 별빛이 나를 향해 오는 순수
가슴에 들어와 싹을 틔운다
너를 붙들지 않았으면 지금 쯤
어둠에 갇혀 비엉비엉했을 시간들
함께 한 동안 늙음도 슬픔도 녹아든다

먼 산이며 하늘, 비, 꽃, 나무
저들을 하루에 수십 번 봐도 새롭게 오는
내 사랑이여
오랜 밑말도 잊지 않고 손잡아 일으키는가?

개요등이 피었네

긴 푸르딩딩한 넝쿨
불꽃 심장을 안은 작은 하얀 꽃
초가을 가지마다 흔들바람을 데리고 올 때
나무가 감아들고 바늘 끝
그늘 하나 없는 꽃소녀를 마주하면
고요한 평화로움에 젖어드네
마디마디에 피는 앙증맞은 얼굴
어린 손녀 키우던 생각이 나서 볼을 부비면
젖내 대신 닭오줌 지린내가
뜨거운 햇살에 나는 둥 마는 둥 흔들리네
어찌 좋은 것만 받아 태어날 수 있는가
세상을 볼 수 있다는 게 축복 아니던가
위로하듯 사철나무가 손잡아 주니
꽃 마음 환한 빚셈이 열배가 되네

서녘하늘

대나무초리에 앉은 새가 달빛을 노래하네
취한 척 들바람도 하늘을 돌다가
무거운 생각을 털어내고 잠시
낮은 달빛에 젖어드네
나도 짙은 그늘을 내리고
일손 털어 밝은 가슴으로 맞으니
서산 위에 그리움이 밀려오네

구월, 음력 팔월 엿새
눈썹 같은 노란 꽃잎 곁에
반짝이는 밝은 눈 하나
박편 하나라도 참은 그 마음 넓고 커서
서녘하늘을 가득 메우네
얼마 후 사라져 갈 이 붉은 시간을
누구에게 전할까

저녁별

지붕을 덮는 땅거미 낮아지고
지나가는 큰별 하나
내 마음을 흔들어 놓는다

저 별, 나를 향해 오고있다
깊은 한숨에 남은 빈자리로
길 찾는 말을 잃어버리고

빈껍데기 가슴에 꽂히는 건
예이제나 빛나는 그대 뿐
가깝고도 먼 자리에서 지킨다

길 잃어버릴까 신의 마음으로
초저녁 어둠을 뚫고 내게
허공을 걸어 눈물로 온다

아침의 은유

물안개 넘치는 강둑길로
멀리 새벽이 걸어오는 기척
풀밭에 구르는 이슬방울 소리에
스란치마 함초롬 젖는다

나팔꽃이 나팔을 꺼내들고
수탉이 홰를 치는 시간
타작마당 바람에 날리는 쭉정이 같이
굴뚝에서 흩어지는 연기같이
벌판으로 숨어 간 숱한 아침들
맑은 빛의 기운으로
나를 일으켜 세운 회초리였다

어둠이 만든 고리에 맞물려 다시
돌아가는 빛, 언제나 눈부신
신의 나라에서 온 노래를 부르며
시작이라는 말이 아침에 있다

내 안에 강은 흐른다

가냘픈 물길이지만 맞들면
그 물살이 미리 알아 서로
어우러져 환히 흐르는 강
낮은 마음에 깊이 고인다

출렁이는 물살무늬
오래 참았던 그 물살 굽이굽이
은빛으로 빛나는 물이랑
넘치지도 마르지도 않는 시의 발원지

산에 들에 하늘에 피는
상상의 꽃으로 혼을 깨운다
짧았다 길었다
목홍빛 시간이 나 길들이며
함께 어우러져 흐르고 싶다

흩어지는 안개처럼 사라질 이슬방울

반짝이는 순간들 또한 흩어져도
아무렴, 한 줄기 물길도
뜻 없이 흐르지 않아
보이지 않는 당신께 편지를 쓴다

가로수 아래 거닐며

메타세콰이어 키가 길 보다 크다
길 위에 늘어선 그림자가
나무를 떠나지 못하게 했다

물 끌어 올려 잎 틔우던 열정에
북 받혀 오르는 키를 높여
키 만큼 명상에 빠지기도 했다

철새 몰아오는 찬바람에 쫓겨
푸른 그늘 지우고 돌아 선
그 변덕스런 풍경에도
소실점 끝까지 몸을 세웠다

환한 정수리에 쏟아지던 햇살에
하늘로 오르던 층계가 있다
내 눈물 같은 평화

북풍 사나운 발길질에 때로는
남은 한 겹 옷마저 벗어버리고
고개 들어 깊은 하늘 우러르고
층계를 밟아 오른다

오, 그대 낯선 평화여
버리고 비운 몸으로
지금은 누굴 위해 서있는가

눈이 온다

하늘 끝자락에서 찾아오는 전령사
겨울 계단을 밟고 내려오네 가벼이
흰 융단 깔아 놓은 위로 춤추는
고요와 황홀이 어둠을 물리친다

은빛 수화 나직이 도란거리는 울안에
양털 같이 날리는 만년설을 이고
창에 기대어 무겁게 하루를 보내는 시선은 늘
담 넘어 눈별을 놓치지 않고 지켜보네

흙의 가슴에 흐드러진 눈꽃
눈바람 고추바람 유산처럼 받아 안고
흙살 다 풀어 눈을 녹이며
마지막 피로, 당신 안에 흐르고 싶어하네

3

음식 쓰레기를 치우는 남자

새벽마다 음식 쓰레기를 치우는 남자
거두는 손이 참 아름답다
쓰레기 자리는 늘 환하다
사는 일이 찌꺼기를 버리는 일이라면
우주가 슬프고 어둡겠다
먹어야 사는 길이라 껍데기,
오늘 끝나도 내일이면 또 나온다
냄새가 코를 질러도 한 줌 흘리지 않고
소리 없이 골목을 들어와 어려운 일
쉽게 만지며 어둠을 거둬간다
새벽잠도 벗어던지고
흔적 없이 치워내는 남자 등 뒤에
밝은 아침이 펼쳐진다

두부

호명 끝에 문을 열고 들어 가면
시선을 끌어오는 두터운 유리벽에
새끼손가락만한 구멍이 여남은 개
늘어진 말소리가 품을 좁혀
안으로 기어가던 일이 끝났다

출소한 문 앞에서 가족은
기다리던 손으로 두부를 건넨다
출렁임이 없는 쓴 입으로 씹으며
가슴 밑바닥을 울리는
하얀 백지 마음을 치는 소리

오토바이 탄 노인이 차바퀴에 굴러 들어
끝내 몸을 졸라 맨 것
두부보다 하얗게 새운 숱한 밤을
바람 속에 무수히 날려 보냈어도
벗을 수 없는 굴레였다

몸 묶인 스무 날이 몰려 왔다
시간은 흘러 지났어도
한 번 그어진 금은 메울 수가 없이
어디든 갈 수 있는 발자국에다
젖은 두부를 밀어넣고 있었다

지는 해를 묵상한다

삼봉공원에서 지는 해를 바라본다
종일 삼혼칠백을 퍼주고도
생기와 아름다움이 넘실거리는
선명한 쟁반 해 저물녘이면
지극히 편안한 눈으로 볼 수 있다

깊고 깊은 아름다움 붉은 장미
꽃잔디에서 애기똥풀, 노란 달맞이꽃빛까지
보라빛 까마중꽃, 모시톨 브레지오꽃에서 담아왔나
용광로 불빛으로 달구어지는 해
그 얼굴에 콩새 한 마리 한 점 구름도
어른거리지 못한다

그늘을 찾을 수 없는 둥근 얼굴
금빛같은 신비로 가득한 그대는
왔던 곳으로 다시 숨 가쁘게 돌아가고 나면
나는 깊은 어둠 속으로 서서히 빠져든다
횃불을 제작하려면 이 밤 어쩌라

펜화 한 점

날카로운 펜 자국에 땀이 흐른다
긴 시간 아픔이 베어나
한층 돋보이는 점과 선들

순백의 빛깔 밝을수록
고요한 선경을 펼치는 형상
하얀 목련을 바라보는 여인이
슬픔을 오려낸 듯
깊은 향기에 취해 떠날 줄 모른다
마치 나를 옮겨 놓은 듯

그 분 세상 떠나기 전 받은 선물
내 마음에 옮겨오는 선이
볼수록 더 깊이 각인되어 간다

진해항

금물결 은물결 도닥거려 도미가 소록소록 잠드는 아늑한 곳
부두를 따라가면 바다가 장복산 발꿈치를 간질어대고 봉우리, 봉우리 메숲에 뻐꾸기 노래 청아하게 굴렀다
바다빛 언덕에 민들레가 꽃무늬를 깔고 길섶에 선 벚꽃이 꽃구름을 날리는 곳
왜인이 떠나면서 “백년 후에 꼭 찾아오리다” 던 말을 간간이 되새기며
‘빼앗길 사람 누가 있길래’ 입가에 메밀꽃 짓고 있는 항구

어릴 적 몇날 며칠 동안 오빠 손을 잡고 걷다 업히며 산지사방 기거할 집 찾아다니다
여좌동 1가 산비탈에 입주했다
골목을 나서면 잔잔하고 맑은 항만이 눈에 안겨오고 매일 바닷가를 찾아가는 길
가깝지도 멀지도 않은 길에 만나는 갈피진흙에 묻힌 맛

홍합, 대합, 피조개, 캐어, 탕국이며 된장찌개로 간내에 길들여졌다

때로는 엉뚱하게 작은 놋쇠 종지 내 주먹만한 주전자 잔대도 파도에 오고가고

왜인들이 떠나면서 바다에 수장시킨 사건을 지금도 잊지 못한다

나는 그릇이 좋아 어쩔 줄 모르고 황금빛 소꿉놀이에 길들여 사는 법을 배웠나보다

이듬해 그 이듬해도 밭장이, 벗쟁이, 벽창호, 새알꼽재기… 새물청어들

바다를 닮고 바다를 지키는 장수를 푸른 파도는 키워내고 있다

갈치도 시를 품고 있다

철용은 제주도 선상 갈치 낚시를 즐긴다
쪽빛 물속에서 자유로이 햇살을 물고 깊은 바다가슴에 꽂아 놓고 올라오고 내려가는 틈새 은빛은 짙어간다
바람이 구름을 몰고 지나갈 때도 파드득 파드득 은빛 춤사위는 파도를 탄다
부드러운 곡선을 그리며 몸의 유연이
추상화 한 폭 한 폭 하늘이 그리워서 그릴까
물음표가 푸름을 타다가 입술에 걸려 올라오면 사람들은 너털웃음을 뿌리고 바다에는 일상이 녹아든다

시아버님도 곧잘 낙동강에서 하루를 끼워 붕어 낚시를 해 오시면
등 푸른 성깔이 무서워 아버님 등 뒤에 숨고 칼질은 아버님이 늘 해주시었다
오래 사셨으면 제주 선상 낚시 가시도록 기회를 마련했을 텐데…
갈치조림이 상 위에 오른다

붕어조림이 함께 떠 오른다
상처가 흔적 없이 짜글짜글 끓는 냄비에 새롭게 태어나는 구수하고 알싸한 맛
시아버님은 갈치를 너무 좋아하셨다

생선뼈가 접시에 모인다
그 하얀 뼈, 어머니가 빗겨주던 머리빗을 닮았다
빗은 여기서 비롯된 것 아닌가
빗을 너무 닮아 혼자 탄복을 한다
힘찬 바다의 기운이 은빛을 빛나게 했듯이
미역처럼 매끄럽게 빗어 내리는 머리카락은 저 빗살이 안성맞춤
아름다운 은빛, 순수한 향기 꼬리의 저 기백
저것이 시詩였다

미녀봉을 우러러 본다

—먼 옛날 바다였던 이 곳 나룻배를 타고 표류하는 장군을 구하라고 옥황상제의 공주를 땅에 내려 보냈더니 이 철딱서니, 그만 장군과 사랑에 빠져 고향으로 돌아가지 않았다. 옥황상제는 분노하여 그 형벌로 두 사람을 영원히 산으로 변해 누워 있게 했으니—

동남쪽 산자락
긴 머리채를 늘어뜨린 여인
오뚝한 코 시원스런 이마에 햇살이 튄다
부푼 젖가슴 불룩한 배
살포시 열린 입은 새울음에 젖는다

젖가슴 위로
산객이 오르내리는 발소리
그 가뿐 숨마저 받아 담는
돌함 같은 여자
가조 온천장에서 미녀를 본다

날마다 북쪽 우뚝 선 장군봉을
바라만 보는 애달픈 사랑을

바람이 실어 전해주고 오고
하늘 이불 덮고 누운
황홀한 누드화 한 폭
산봉우리에 미녀가 산다

*미녀봉 : 경남 거창에 있는 산

두 빛깔의 불두화
—63번째 6.25를 맞으면서

달빛에 이슬을 섞은 생각의 늪에
그대는 연인을 위해 피어난다
초록빛 유월 그림자 속으로
전장에 출전한 오라버니 그 날이
영원한 이별이 되리라고 누가 믿었을까
그치지 않는 눈물이 창유리에 얼룩지고
화려하지 않는 꽃 얼굴빛이 닮았다
보름이 지나도 변화지 않는 달빛을 품어
하얀 버선발로 창을 바라보던 올케언니는
속가슴 곱새기며 얼마나 초다듬이 했을까

가까이 볼수록 그대는 유월의 꽃이다
6.25 때 허욕 없이 전사한 초병들
죽은 영혼을 기리듯 수백 꽃송이 뭉쳐
밖을 향해 한 마음 푸름을 지키고 섰다
새가 노래하는 숲 나무 가지에
어둠이 수직 절벽을 타고 들면

골짜기 서늘한 바람이 창가에 불고
오라버니 눈빛 같은 곤한 별이 뜬다
유월이 가고 칠팔월 옛길 따라
그리운 듯 연두빛깔 외 추억이 없다

화려한 가출

먼 나무 새잎이 하늘거리고 붉은 작약꽃이 지는 사이로
참새, 직박구리, 멧비둘기가 메우는 넉넉한 아름다움과 자유를 본다
저 부드럽고 넓은 세상
나도 모르게 흔들리는 마음
꽃이 지고 낙과도 미래를 향한 기다림으로 색깔, 모양새를 생각하나보다
기다림을 선택한 것이라면 후회는 없다

칠남매 아침을 챙겨 문을 열자
어느 새 얼룩무늬 딸이 가출했다
안에서 밖을 바라보면 항시 그리운 것인가
함께 하는 기쁨 보다 차디찬 분위기
시집 온지 4년 만에 가출한 나를 돌아보게 한다

사흘이 지나 돌아왔다

제 집 모이통 밑에서 형제들이 흘린 밥을 쪼아 먹고 있었다
혼자 사는 것이 의미가 없었나보다
서로 부딪치면서 사는 밖에서 또 다른 창조가 있었나보다
문을 열어주니 들어가는 십자매에서 지난 하소연을
은총의 새가 밝게 노래를 한다

들녘이 변하고 있다

낙동강을 품은 초록빛 얼굴이
비단처럼 빛나는 오월이 언제였을까

지난 봄 먼 가지마다 춘궁기 끊어내고
이팝꽃 빈 그릇 그득 채워준 들녘
시나브로 사라져가는 논배미 그늘에
굴뚝 높은 공장이 들어와 앉고
가게도 들어 함께 이웃하고 섰다

침몰하던 몇 번 홍수를 넘기고
언제나 흙을 지키는 농부 곁에 서서
가뭄에도 지켜주는 케레스도 늙어 추억에 섰다
트랙터 경운기 앞세운
굳은 못 박힌 손발, 아픈 허리를
흙이 쓰다듬어 줄 사람도 줄어들고

소출이 적어도 포기抛棄가 없던 곳

영광 없어도 가난을 친구 삼아
묵묵히 꽃 피울 꿈을 안고
그날을 향해 흙에서 배웠던 기다림

안개꽃, 수박까지 연출하는 자락
가을엔 금빛 일렁이는 서른 여섯의 퀼트*
봄 창작을 흙에 펼치는 농부도
들녘 가운데 귀한 세상

*창원시 대산면은 36개 마을로 나눠져 있음
*대지의 여신

추억 · 1
—아기와 할아버지

일어나면 늘 방긋 웃는 얼굴
둥근 커다란 눈이 말하는 꽃이다
날마다 보아도 따뜻해져 오는 마음
이 천사는 미국에서 왔다
검푸른 바다 하얀 파도를 타고

할아버지 허리 펴려고 마루에 누우시고
한참 재미있게 놀던 손녀 둘도
아기가 잠 잘 시간이라며 눕히는데
눈 감는 아기 옆에 서로 누우려고
손녀 둘 동백꽃불 일으켰다
서로 팔을 당기고 끌려가고 실랑이를 벌이다가
할아버지가 확 빼앗은 아기를
헛간 어둠 깊은 똥독에 넣어버렸다

아이들은 엄마 옆으로 돌아가고
울먹이며 말이 없었다

외삼촌이 보내준 성탄절 선물
아이 버릇을 잡지 못한 죄라 안타까워
아기 인형을 뒷산에 묻어주었다
지금도 가끔 인형과 놀던 그 사진을 보며
불같은 시아버님은 가셨지만
가슴에 남은 태풍은 회오리쳐 온다

측백나무 생각

아버지, 어머님 나란히 누우신 산소에서
측백나무 두 그루 모셔와 함께 살아간다
아침 뜰에 나와 서면
밤새 안은 향기 초록초록 얘기 하신다
깊어가는 생각을 무지개처럼 일으키신 어머니
아직도 못 다 한 이야기 있었나보다
혼 일곱 번 단련하여 나무로 오셨을까
슬픔에서 눈을 뜨고 걸어 나가도
길이 보이게 기도하는 나무
이승에 딸이 염려되어 화현해 오셨나
숨기운 낼 때마다 품는 향기로
나를 불러 세워 바라보면
삼동 모진 바람에도 신성을 채우며 섰다

*측백나무 꽃말-건강, 기도하리

옛집 앞에서

봄빛 잠시 머물다 간 자리 초록빛 난무한데
어느 새 겨울을 받아 쓸쓸해지는 벚나무 아래
여좌천은 된소리 마른 소리로 흘러가고
오가는 산책길에 스치는 사람 많아도
깊이 아는 이 없네

옆 집 소꼽놀이 동무도 소식이 없고
산새 가냘픈 노래 뿐
맺힌 인연을 따라 가버린 길
예닐곱 살 적 동무 사는 곳 물으면
구름은 무심하게 대답이 없네

그때처럼 끝없이 맑은 하늘에는
멀어진 소중한 빛들이
나뭇가지에서 숱하게 반짝거리고
좁은 골목길에 어머니 검은 그림자
말없는 눈물되어 볼을 흐르네

별 별

나뭇가지에 노니는 별을 바라보면
정의로운 푸르닛 병사*가 부는
맑은 트럼펫 소리 들려오는 틈새로
그대 영혼이 온다

시간이 잠 못 이루는 강물 위
영원의 길에 들어서는 그 사람
별꽃으로 황홀하게 피어
우주를 흔들어 깨우는 선율 마음을 흔들어댄다

어둠의 계곡마다 웅크린 영혼 달래는
가시로 박힌 마음 풀어주는
별 별, 소리 없이
목마른 폐부 깊숙이 숨어든다

*영화 〈지상에서 영원으로〉에서 트럼펫을 부는 남주인공

마지막 기억

어느 여름, 두 날개를 펴고
오랜만에 흑백다방으로 갔다
백열등 불빛이 가냘프게 흐르는 낡은 벽이
카페를 무겁게 하는 저녁
반 어둠이 숨겨온 추억을 부른다
바이올린 '집시' 선율이 찻잔을 채우고

노 화백은 은빛 물결에 지치고
젊은 날을 돌아보며 나누는 이야기
안타까운 이런 일 저런 일
돌아오지 않는 시간을 걷고 있다

오랜 흑백다방을 나오면서
끝까지 나를 알지 못하는
그 세월을 탓해본다
칠순이 넘은 수십 년 전의 강물
노 저어 오르지 못했다
시간의 물살에 너무 멀리 와 버렸나보다

지금은 추억에 사는 때인가

푸름에 빠진 여름 하늘
침상에 계신 모습도 기억 안 되는 아버지
내 기침소리가 닮은 게 아닌가
아버지 모두를 추억한다

그렇게 안으로 닮은 피가 흐른다
흘러 갈수록 냇물이 많을 때
가늘게 흐르던 물소리 높아지듯이

바지를 깁느라 재봉틀 돌리면
돌아가신 어머니 솜씨가 앞서간다
항아리에 빛이 들고 별을 돋게 하던
눈물 고이도록 고운 주름 손을 추억하고

놓치고 싶어 놓친 것도 아닌데
붙잡을 수 없이 흘러가버린 긴 세월
보랏빛 장미 무욕을 쥐고 사랑하던 것도

곁을 떠나 간 얼굴이 보고 싶어
사진첩을 뒤적거리면
'일이 추억을 낳는구나'

아무 것도 할 수 없는 나이일 때
아무 것도 붙잡지 못 할 나이일 때
살 속에서 찬바람이 불고 어둠이 내릴 때

묵은 돌절구통도 때때로 씻으며
내 숨결 받아 쓰임새 있을 때
한 그루 나무처럼 생각을 끌어 올린다

벚꽃, 그리고 우울한 봄

벚꽃은 그리움으로 세상을 펼친다
처음 만나는 햇살에 얼굴 붉히고
꽃구름 치마를 펼치고 가지에 앉았다
사랑이 가득한 나무 아래는
삼겹살 순대 어묵 파지짐 냄새 껴안고
하늘에 걸린 웃음으로 속삭이다
의자에 앉아 춘곤증을 풀고 있는 할아버지 무릎에서
도 재롱이다
봄 껴안고 사진 찍느라 여념이 없는 연인들도
눈에 담은 꽃잎을 날려보낸다

사람이 벽 되어 한 치 길이 보이지 않는다
함께 손잡고 가던 작은 언니 손 놓자
밀물처럼 사람에 떠밀려 앞서 간다
나는 그만 나를 잃어버렸다
벚꽃 사랑의 풍만에 엄청난 흔들림을 일으킨다
사람들은 악동처럼 부딪히며 추억 만들기 바쁘고

나는 네 사랑 다 빼앗기고 주춤주춤하다
되돌아와 멀리서만 바라보기로 마음먹었다
내 자란 맑음이 흐르는 여좌천을

아픔

집안 일로 엎드렸다 섰다 노그라지다
무릎이 힘든 하루
하루가 해질 무렵 움직임 폭을 재어본다

곡식 한 알도 땀 흘리지 않으면 구하지 못하듯
들에 핀 꽃도 열매도
스스로 아픔의 고개를 넘지 않으면 맺지 못한다

전사한 아들로 가슴에 못을 박고
평생 슬프고 우울했던 친정어머니는
눈표가 나서 친구도 놀러오지 않았다

집 옆으로 흐르는 여좌천 맑은 물
화사한 벚나무가 지켜주는 그 마음
내게도 베풀어
거친 파도를 용케 넘겨주었다

내가 어머니 나이가 되자
어머니 아픔을 알았다
아들, 사위가 야간 근무에 지쳐 있을 때
'고통도 지나고 나면 달콤한 것이다'
자주 괴테를 입에 담는다

프리지아는 향기를 두고 갔다

장날, 과일상 좌판 옆 플라스틱 통에 담긴
반쯤 핀 후리지아 한 묶음
천원에 샀다

주황빛 유리꽃병에 꽂아두자
첫날은 절정이다 이튿날
창 트인 온돌방에 연기 냄새 불어 내더니
사흘째는 목말라 맥을 놓는 꽃송이
옆의 꽃들 놀랄까 소리 없이 조심조심
손으로 하나 둘
새치 뽑듯 모두 솎아내고

뒤늦게 갈아 놓은 찬물 한 컵 마시고
마지막 한 송이
짧은 생이 향기에 묻혔다

4

산을 향해 있으면

십자가가 걸린 제대 앞 같이
옷깃을 가다듬고 조심스레
언제나 마음을 풀어주는
푸르름이 빛나는 거룩한 산

산길 걸어보면, 고루한 숨결도 받아서
깃발이 바람결에 펄럭이듯
마음에 쌓인 우울 날리는
산산한 산바람
자꾸만 산의 명상에 끼어들고 싶다

눈眼은 먼 산 가까운 산 모두 좋아서
한가득 바라보면
참다운 산 향기
나를 맑아지게 한다

백합꽃과 성모당 사이에서

햇살 향기가 나를 일으킨다
여태 향수를 느끼며 기다린 넌
나의 영원한 노래며 추억이다

볼 때마다 새롭게 사랑스러워지는
정물화 한 점
죽음보다 깊은 잠에 빠지지 않고
세상을 밟아가는 밝은 꽃빛
성당 고요한 뜰에 서서
안으로 깊어지는 눈빛 바라본다

아무리 보아도 선드러진 품 안
닫힌 마음 열리게 하여
서로 안부를 묻게 한다
긴 목 흔들며 환영해 주는
향기 짙은 저 소녀에게
말없이 지켜보아주시는 미소

성모상 앞에서 두 손 모으면
등 뒤 밝은 하늘 아래
마리아님, 제 마음에 들어오시어
마음의 상처 어루만져 시가 되어주신다

문턱에서 아이와
—추억

기도서를 읽던 네 살 박이가
“할머니, 하소서가 왜 이래 많아요. 재미 없어요”
책상에 갖다 놓는다

이내 장남감 찾느라 폐품박스를 뒤적거리더니
빈 판피린 열두 병
빨간 우유병 뚜껑 두 개를 찾아온다
놀이에 나는 물끄러미 바라 본다

아이는 거실 문턱에 기찻길을 깔고
객실 기관실 길게 연결해 놓고
앞에서 밀었다 뒤에서 밀었다
하얀 알루미늄 철로에서 기차는 속도가 붙어
객실엔 감기를 담고 달린다

한참 계속되는 기차놀이에
아이도 여전히 평행선을 가고 있다

아무리 반복해도 만남이 없는
끝나지 않는 길
아이가 가고 난 뒤 문을 닫으니
푸른 밤이 가슴에 밀려든다

가을의 기도

초록 바람결에 연분홍 연꽃 한 송이
하늘 우러러 두 손 모아 고요히
연못이 피정 들어 갈 때
지는 것을 알고도 피는 얼룩으로
상처로 남은 산수유 잎
바람에 몸을 맡겨 지상을 떠나고
단풍잎이 내비치는 붉은 마음과
노란 은행나무 잎이 나란히
길 위에서 내 갈 길을 묻는다

하늘 호수로 퍼져 가는 마음의 정처
향기로운 시향에 젖어
나무가 떨구는 말씀을 짓는
시로 살게 하소서
시로 세상을 끌고 가는 길
가분가분히 감사기도 드리는데
본당 뒤 황금빛 은행나무 숲에 선 성모님

본당 안 제대 앞에 선 예수님도
묵묵히 기도에 젖어 드신다

거울

오랜 스승이 나의 거울이듯
한마디 말 못하는 유리조각 같은
손바닥보다 작은 손거울
나는 너를 믿는다
너도 웃고 나도 웃을 때
한 송이 꽃으로 피어난다

티끌 하나라도 바르게 보게 하는 저 일
그 몫을 안다 솔직한 그대로
눈에 박힌 어둠을 벗어나 보게 하는
고해소, 어떤 때는 부끄러운대로

"네 마음도 보아라"

너의 귀엣말, 가슴에 담아본다

풍경 안에

올 곧은 삼나무 사이로
꿩 울음, 산비둘기 목 메인 소리
나뭇잎새가 내뿜는 푸르름이
일상에서 생긴 답답증까지 쓸어내린다

구멍 송송 뚫린 바위에도
초롱꽃 속을 드나드는 벌이 윙윙거리듯
피정의 집 이시돌에서 성산일출봉 정방폭포로
굽어보며 수런거린다

저 풍광명미에 싸여
초록물결 굽이치는 이파리
동글동글 빛나는 동백의 눈에서

신의 손등을 본다
그 분이 손수 지으신 대서사시를
읽고 또 읽을수록 찬란한 꿈에 젖는다

유리창과 대화에서

우리 집 유리창은 이슬을 맞아도 깨어진다
내가 밖 뜰에 나가면
마당에 선 모두를 불러들인다
내 침대 위엔 모란꽃 앉은 황홀함
큰 으아리 매발톱꽃 꽃빛에
한결 힘이 나는지 화들짝이다
동백은 뒤룩거리며 견고하게
부러지고 비틀린 몸 쉰다

진리를 실천하는 이는 빛으로 나간다*

점 하나 빼지 않는 너는
항시 밝은 투명이다
인간사엔 때로는 아는 것도 모르는 듯
사랑을 품는데 그런데도
촉 빠른 성깔 너무 할 때 있어
푸른 꽃무늬가 사는 커텐을 친다

*요한 3장 21절

푸른 언덕에서

두 가족이 함께 대관령에 나들이 왔다
푸른 햇살이 풀밭에 쏟아지고
양털은 눈雪에 덮인 듯 하얗게 솟았다
나무들이 더욱 푸르게 가지를 뻗을 때
나는 저 밝은 빛살을 따라
하늘에 뜬 초원을 걷고 또 걸었다
내 가슴 밭에 넓은 푸른 언덕
진정 천국이 따로 없다 눈물겹도록 고맙다
목자를 따르는 어질고 착한 양떼가 풀을 뜯는
앞이 탁 트인 풀밭은
오래된 마음의 갈증을 풀어주고
불안한 미래의 먹구름도 사라지는 것 같다
눈을 감아도 시야에 든 성화 한 폭
풀잎에 이슬 맺혀 하늘보석 같다

또 하나의 하늘

소리가 없어도
숨소리 하나 들리지 않아도
살아있다
호미질하며 풀이 나무가 뿌리를 내려도
고요하고 하늘처럼 깊다

말없이 보듬어서 자리를 내어주고
나는 품고 있는 잡초를 뽑고
떠나거라 다시는 오지마라 해도
흙이 매달린다
내가 하늘에 매달리 듯

그런데
나에게도 잡초가 돋아나고 있다
잔잔한 가슴에서 끓어올라 토할 듯
잦은 기침 두통 관절염

사는 것이 흙으로 돌아가는 과정 아닐까
가시 같은 비늘이 몸에서 줄줄이 일어난다
굵은 골이 패어지고 핏줄이 지렁이처럼 그려지고
거스러미가 일어난다 흙으로 가는 길을 내고있다

흙을 향해 가는 길 아닌 듯 하면서 가는 것
나를 속이는 것이 아니고
서서히 이해시키고 가르치고 있는 것이다
아름다운 길로 인도하는 것은
또 하나의 하늘을 밟고 있다

유월에 읽는 시

땅 위에 백합, 수국, 불두화, 장미…
크고 작은 연못 물 위를
당금당금 걷는 수련이
그대 눈 아래에서 그림자를 반깁니다

고요를 딛고 뜨거운 햇살을 안고 피는 저
꽃마다 가진 거룩함이 모두라며
피고지고 흰 구름 지나가며
하얀 그늘을 던질 때도 살짝 웃는 얼굴
내 마음 사로잡아 일으켜 세웁니다

세상을 향해도 배운 것 없고
그리스도 게시를 받아
성심성월聖心聖月 유월 빛나는 녹음 속
피는 꽃마다 황홀한 시詩입니다

골목길 오가는 사람들도

향기며, 빛깔 고운 꽃잎에 눈길을 걸어놓고
하느님이 빚어내 주신 선물 바라봅니다
나무와 꽃 나도 거듭 나
늘 시작하는 아침이 반갑습니다

촛불을 바라보면

두 손 모은 붉은 가슴을
성모당 앞 열일곱 개 촛불이 지켜보고 있다

애끓는 눈물, 뜨거운 눈물
귀 기울이면 숱한 사연들
분노 슬픔을 태우고 있는 불꽃
모두 타고나면
새로운 빛 한 가닥 피어날까

땀이 핏방울처럼 옷깃을 적시고
부르튼 손이 잠을 빼앗아가고
어찌 촛불이 붉지 않으랴
하느님은 태워버리는 불이시니

주님께서는
그들이 밤낮으로 행진할 수 있도록
그들 앞에 서서 가시며

낮에는 구름 기둥 속에서 그들을 비추어 주셨으니

모란도 씨앗을 맺는 것은
하느님이 인도하는 늦봄을
촛불처럼 살았기 때문이다

종려나무야 미안하다

오후, 베란다 아래 섰다가 실오라기 같은 거미
아무리 집을 지어도 거미줄, 빗자루로 걷어내다
매화나무, 소나무, 해당화나무, 모란가지에도
천방지축으로 길 내어 팔, 얼굴 감아드는 거미줄
신문지에 불을 꽂고 거미줄을 태운다

삼복더위 한 복판에서 철쭉 앞에 왔을 때
종려나무에 활활 3미터 넘는 불기둥!
솜보다 잘 타는 황토색 털실 같은 나무줄기

"빨리 수도꼭지 틀어 줘요"
벌겋게 소리 질렀더니
어느새 물을 마시고 있는 종려나무

예수가 예루살렘에 입성했을 때
사람마다 흔들며 반겼다는 종려나무 가지
불이 삼킬 뻔했던

찬란한 햇살의 형상인 사철 푸른 잎
불이 지나가도 하늘을 찬양하는 힘을 보내고 있다
티끌만큼도 비틀어진 곳 없이 곧게 서 있는 이유
충만한 영성이 채워졌나보다

소금의 무게

내 목에 십자가 은목걸이
오랜 빛의 때 새 빛으로 돌려주기 위해
소금으로 문질러 닦아낸다

담백하고 개운한 백김치나
고소한 가자미 구이는
뽀얀 소금이 맛을 일으킨 것이다
남에 없이 일편단심인 그대 맛
나는 언제나 소금편이다
그대 없는 하늘은 슬픔일 게다

출렁이는 푸른 물의 바다 이야기로
제 맛 나게 하는 평화로움
여름 하늘 끓이는 열기와
빛과 맑은 바람
푸른 밤의 별꽃을 품어
하얀 모습으로 태어난 꽃

내 눈물이 품고 있는
길고 오랜 시간 묵은 짠맛
목에 걸고 살았다

낡음을 묵상하며

속 다 긁어낸 끝에
숨길 수 없는 삐걱거리는 소리
삭아가는 뼈마디에서 난다
일어나는 무릎에서 어두운 소리 오드득
다리 쉬임하다 어칠거리다 길을 간다
새삼 긍정하는 세월이
일에 닳아 외손질하시던 어머니 아픔을
내 몸이 열어 보인다
가을 감나무 가지에 헐렁하게 열린 붉은 감처럼
고달픔이 안으로 조여드는 몸에서
피가 타다 떨어지듯
점점 시그러지다 흔들리고 있는 나 아닌가
내 발에 등불, 나의 길에 빛이어라*
하느님 말씀에 얇은 믿음
지겹다는 영혼을 구원해 주실까

*시편: 119:105

즐거운 목욕

목욕탕에 들어가면 출입구의 타일 벽
햇빛 한 오라기 들어오지 않는 지하
잠시 후 수반에 꽂인 듯 탕에 꽂힌다
고운 물 촉감이 온 몸을 숨 쉴 사이 없이 부빈다
물의 손길이 구석구석 파고들어
밖이 보이지 않아도 이 순간만 이대로 좋다
수정빛 물 위에 뒤덮여
그 물 위 하늘의 푸른 기운이 가득하다
한참 지나고 나서야
손길이 가지 않은 곳이 있나 살펴본다
그 때 가슴에서 들려오는 말씀
…너희는 깨끗하다. 그러나 다 그렇지 않다* 하신다
물이 한동안 휘어잡은 몸에 때수건 돌리고 나니
하얀 불빛도 젖지 않는 매끄러운 살결
물의 은혜에 밀려오는 생각 끝에
연꽃의 옛 꿈이 벽 속으로 사라진다

*요한복음 13장10절

십이월

깊은 하늘에서 겨울을 데리고 온 바람은
저물녘 빈 들을 떠나지 못한 참새들의
노을빛 차가운 이야기 속으로
스스로 체온을 뚝뚝 떨어뜨린다
땅 위에 감돌던 노란빛 위로
어두운 주황빛 그림자 내려놓은 짐
시나브로 겨울바람에 날렸다
나에겐 겨울이 낡음이다
가슴 속 간직해 온 말씀이 기억난다

"나의 세월은 연기처럼 사라지고
뼈마디는 숯불처럼 타버린다"*

내가 지금 마시는 눈물
아스팔트 위로 산수유 빨간 사랑도
흩어져 가버리듯
그 젊은 봄, 그 무성한 여름도

차디 찬 얼음이 데려가 버리고
그늘 깊은 눈이 덮어버려서
지금 내 머리 위에는
살을 에는 바람이 몰아칠 뿐이다

*시편 102장 3절

자주 발걸음 하시는 영혼

아픈 몸을 벗어나 가분가분
산을 향해 오를 때나 짙푸른 그늘 속에 계시는
아버지, 가까운데서 먼 곳에서 아직도
나를 너댓 살 아이로 보나보다
창문 앞 소심난, 은목서 향기 속에서도
함께 하시어 곱고 슬픈 눈빛
언제나처럼 우러나오나 보다

살아 계실 때 한 번도 못 들어 본
발자국소리, 음성
창에 비추어 드는 달빛에, 햇살에
한 짐 싣고 오시는지
항상 누우신 기억 밖으로 풀려나와

밤을 맞고 그리움으로 눈 뜨는 별빛을
허구렁 가슴에 넣어주시려고
한결같이 오시는 날 바람이 분다
깊은 밤 바람이 시詩를 쓴다

나에게 하늘은

잠시 살림살이 밀어내고 들어와 출입문을 닫았다
투명한 기운이 도는 하늘과 나 뿐
맛깔스레 고요했다
그대는 너무 높고 넓고 깊어 몸 떨리었다
처음도 아닌데 그대 앞에 무릎을 꿇고 앉으면 부끄럽고 미안하고…
여태 목숨 값을 못한 것

그래도 넌짓 웃음 흘리는 빈 머리에
오늘 한 가닥 빛을 심어주신다
뜰 앞에 한 그루 소나무 날로 파래지고
그림자처럼 끌고 오는 힘이
슬픔은 그리움으로 분노는 기쁨으로
내게 시의 하늘로 펼쳐주시고
밝은 눈 내린 풍경 같이
푸르름 깔린 들녘이 고요하게 다가온다

가을 햇살이 짓는 으뜸에게
—벼

어떻게 살아온 백팔십 일인데
논이 아니면 이뤄질 수 없는
붙들어주고 지켜주던 흙이여
피땀으로 키워주신 주인이여
폭풍우 칠 때 큰 품이며
속살에 새겨 넣은 아픔이 여물어
마지막 그림을 그리듯
가슴은 황금빛 기도로 채우고
돌려 드릴 사랑을 익힌다
먼 하늘을 보게 하여
귀에 담는 생을 그리워하고
해가 지면 별에게 간증을 한다
하늘 바람 들바람 산바람이 번갈아 가며
살아 온 열매를 색깔로 주었다
햇살 끝에서 가장 찬란한 빛이
절로 고개 숙여 말한다 나는
아무 말 없이 벌판을 떠나있다

발문

자연법, 사랑법, 동화된 서정

강 영 환

자연법, 사랑법, 동화된 서정

강 영 환 (시인)

1.

송연우 시인은 아름답고 멋진 정원이 딸린 집에서 산다. 그 정원은 오래된 정원이어서 잘 가꾸어져 있다. 집 안팎이 온통 화초와 나무들로 뒤덮여있다. 그래서 풀과 나무와 화초를 보는 것은 시인의 일상이다. 오래 지속되는 일상은 감각을 무디게 하거나 마비시키기도 한다. 그런데도 시인의 시에는 정원에 산재한 풀과 나무와 꽃들이 맘껏 개성을 뽐내며 상록수처럼 자신의 언어를 지니고 어떤 특별한 의미들을 토로하고 있다. 일상 속에서 시로 재탄생 시키는 일이기에 나무와 화초들과의 삶이 결코 매너리즘에 빠지지 않았을 거라 추측해 본다.

자연을 노래한 시인들의 작품을 보면 자연을 감상하거나, 애찬하거나, 놀라움을 표시하거나, 관조 하거나, 동화되거나 등등 다양한 반응을 보여 준다. 송 시인의 경우는 자연과 동화되어 있다고 생각된다. 오랜 세월 함께 살아오면서 느끼는 감정은 별다를 게 없다. 그들과 이웃해 살면서 벌써부터 한 몸이 되어 살았던 것이다. 인간이 자연을 찾고 그리워하는 것은 자연 속에, 자연이 갖고 있는 형태 속에서 자신의 모습이

나 생각이 숨겨져 있기 때문이다. 자연을 보는 각도도 바로 그런 것을 반영하는 것이다. 그렇기에 어떤 모습을 그려내느냐는 것에 따라 시인이 지닌 철학이나 세계관을 읽을 수가 있다. 많은 시인들이 자연을 노래해도 그것이 일치하는 경우는 드물다. 삶의 방식이 다르고 삶을 해석하는 방법에 차이가 있기 때문이다. 송 시인은 화초와 나무들을 가꾸면서 함께 평생을 지내왔다. 친밀하면 주관적이지도 객관적이지도 못한다. 그것은 익숙하기 때문에 차별화가 쉽지 않기 때문이다. 자연 속에 들어서는 자연을 보기 어려운 이치다. 면역력이 생겨 자연의 진면목에 다가서기가 힘든 경우가 많은데 송 시인의 작품에는 그렇지가 않다. 자연친화적이고 자연 동화적인 서정성에 이입되어 있다. 자연을 보는 시선이나 자연에게 다가가는 모습이 무척 자연스럽다. 굳이 자연을 내세우지 않더라도 스스로 자연이 되어있는 경우 즉 동화다.

자연을 노래한 송 시인의 작품은 이 시집에서 네 가지 유형으로 나눠 볼 수 있다. 순수자연미를 노래한 시편들, 자연과 동화되는 삶의 노래들, 서사구조(이야기)를 담고 있는 생활시편, 자연 속에 기도 혹은 신앙적인 내용을 담은 시편들로 구성되어 있다.

2.

순수 자연미를 노래한 작품 속에는 화자의 시선이 담겨져 있는 것이 아니라 자연의 시선으로 바라보는 화자가 머물러

있다. 의도적으로 자연을 발견해 내는 것이 아니라 자연의 모습이 시인에게 와서 시가 되었다고 말할 수 있다.

밤새도록 한숨소리 낭자하더니
온 몸 발가벗기운 산수유
아, 빈 가지다
눈물방울 빈 눈을 물고
노란 꿈 한 그루 뒤척인다

「후기—가을 태풍」 전문

간밤에 태풍이 뜨락을 지나갔다. 시인은 바람소리를 듣는 것이 아니라 나무들이 내 쉬는 한숨소리를 듣는다. 태풍이 지나간 아침에 발견한 것은 간밤에 부대꼈던 나무들의 모습이다. 스스로 잎을 벗은 것이 아니라 바람에 의해 옷 벗기운 산수유가 빈 가지로 남아 있다. 그 가지마다 맺혀있는 눈물방울 속에 다시 틔울 눈을 물고 일어서는 산수유의 뒤척이는 몸짓을 발견해 낸다. 다시 일어서는 나무, 이를 발견해내는 일은 예사로운 관찰이 아니고서는 힘든 일이다. 오랫동안 산수유와 함께 지내오지 않았다면 내밀한 산수유의 힘을 읽지 못했을 것이다. 나무의 이웃이 되어서 나무를 생각하지 않으면 읽어내지 못할 의미들을 이 시집은 간직하고 있다. 쉽게 말하는 자연 친화나 동화적인 작품들이다. 그렇지만 송 시인의 자연은 그것을 넘어서고 있다. 산수유가 되어 바라보는 산수유, 이건 쉽게 찾아갈 수 없는 세계다. 송 시인의 시에는 소나무, 장미, 호랑이발톱나무, 모란, 백목련, 자라풀꽃, 산다화, 함박꽃, 수선화, 제비꽃, 달개비, 환삼덩굴, 파리풀, 질경이, 천남성, 산초, 구기자, 감나무, 엄나무, 토란, 소심란… 등등이 모두 시인의 마음을 사로잡은 연인과 동격인 식물들이다.

한편으로 송연우 시인은 자연을 자연으로 보는데 그치지 않고 자신의 삶 속으로 적극적으로 끌어 들인다. 삶의 비유가 아니라 자연과 동화되는 삶을 노래한 작품들이 그것이다. 전원생활은 그 자체가 자연과 동화되지 않으면 안 되는 생활이다. 초보 전원생활이 아니라 오랜 시간 몸 담아 왔기에 새삼스럽게 전원생활이라 부를 것도 없다. 삶이 곧 자연이 되는 몸을 지녔다. 무엇을 보고 무엇을 느끼던 표현하는 모든 것들이 자연에 동화되어 나타난다. 이것은 오랫동안 나무를 자식처럼 키우고 화초를 실내외에서 가꾸고 보살펴 온 때문이 아닌가 추측해 본다.

누가 바둑을 두고 있는가

매운바람 누웠다 앉았다 하는
바싹 마른 논바닥을 훑다가 쪼아대다가
비상하는 저 함성, 함성 따라
순식간에 바둑알이 떠오르네

겨울하늘 어두운 삶
끼루룩 끼루룩 울음으로
한 점 구름처럼 둥둥 떠올리네
사는 게 힘 드는 지
가슴에서 흘리는 저 슬픈 노래

그러나 겨울로 가는 길 위에서
언제나 동행하는 저들
낙관처럼 서로 눈도장을 찍고
선명한 시간을 같이 나누며
하늘을 차고 나는 저
가창오리 떼 끈끈한 피

개가를 따지지 않는 바둑판

「군무」 전문

이 작품은 가창오리떼의 군무를 누군가가 바둑을 두는 형상에 비유하고 있다. 바둑판은 인생의 축소판이라고 부른다. 살다가 죽기도하고 죽었다가 살아나기도 하는 바둑의 행마가 우리네 삶의 모습을 보여주기 때문이다. 매운바람이 거세게 이는 겨울 들판에 가창오리떼가 앉았다 날아가고 날아갔다가 다시 앉는 모습에서 우리 삶의 모습을 발견해 낸 것이다. 새떼가 울부짖는 모습은 힘 든 삶을 토로하는 모습이며 언제나 함께하는 모습에서 서로 간에 흐르는 끈끈한 정을 발견해 낸다. 대자연 속에서 새떼들이 이뤄내는 행마에는 생사가 없다. 바둑에서 이기고 지고를 가려내는 개가를 따지지 않는 자연의 판처럼 생사를 따지지 않는다. 자연의 순리에서 시인이 도달하고 싶은 세계가 숨어 있다.

대나무초리에 앉은 새가 달빛을 노래하네
취한 척 들바람도 하늘을 돌다가
무거운 생각을 털어내고 잠시
낮은 달빛에 젖어드네
나도 짙은 그늘을 내리고
일손 털어 밝은 가슴으로 맞으니
서산 위에 그리움이 밀려오네

구월, 음력 팔월 엿새
눈썹 같은 노란 꽃잎 곁에
반짝이는 밝은 눈 하나
박편 하나라도 참은 그 마음 넓고 커서
서녘하늘을 가득 메우네
얼마 후 사라져 갈 이 붉은 시간을
누구에게 전할까

「서녘하늘」 전문

'대나무초리에 앉은 새가 달빛을 노래하네'의 의미는 달빛을 소리 없는 새의 노래로 보여주는 시각적인 작품이다. 새는 있어도 소리가 없는 노래를 시적 화자가 듣고 있는 것이다. 들바람도 달빛에 젖어 들고 일손을 놓은 화자도 달빛을 맞이하여 밀려드는 그리움을 주체하지 못한다. 새와 바람과 내가 달빛 아래서 하나가 된다. 아직 저물녘 노을이 채 빠져나가기 전인 여명 속에 눈썹 같은 노란 꽃잎이 하늘에 떠있다. 그 작은 달이 서쪽 하늘을 가득 메운다. '얼마 후 사라져갈 붉은 시간을/ 누구에게 전할까?' 그리움은 짙어져가는 노을과 함께 더 짙어져 가는 이 저물녘을 주체하지 못하는 화자의 안타까운 마음을 전한다. 자연을 느끼고 읽어가는 모습이 송 시인이 마음에 간직한 자연 속에서 운행되고 있는 것이다.

3.

세 번째로 송연우 시인이 드러내는 세계는 생활주변에서 느꼈던 의미들과 살아온 지난 날에 대한 이야기들이 서사구조에 담겨져 있는 시편들이다. 이 시집의 3부를 구성하고 있는 시들은 매우 현실적이며 사실적으로 표현되어 있어 독자들이 접근하기가 쉽다. 어쩌면 시인이 그동안 간직해 왔던 속내를 드러내고 있다할 것이다. 주부, 며느리, 아내, 어머니로 살아온 지난 날의 애환이 고스란히 담겨져 있다. 시인이 아닌 한 여인으로서의 삶이 그 많은 역할들에 의해 떠밀려진 지난 날들이 아쉽고 아픈 기억들로 각인되어 있기도 하다. 시를 쓰면서 이제는 다른 역할들을 내려놓고 자신의 세계를 가지고 싶고, 하고 싶은 말을 쏟아내고 응어리 맺힌 가슴을 풀어내어 더 크고 밝고 아름다운 자연 세계와 동화되고 싶은 것은 아닐까? 그런 마음을 풀어 헤치고 있는 모습이 매우 조심스럽기는 하나 숱한 자연물 앞에서 당당해 보이기까지 하다.

새벽마다 음식 쓰레기를 치우는 남자
거두는 손이 참 아름답다
쓰레기 자리는 늘 환하다
사는 일이 찌꺼기를 버리는 일이라면
우주가 슬프고 어둡겠다
먹어야 사는 길이라 껍데기,
오늘 끝나도 내일이면 또 나온다
냄새가 코를 찔러도 한 줌 흘리지 않고
소리 없이 골목을 들어와 어려운 일
쉽게 만지며 어둠을 거둬간다
새벽잠도 벗어던지고
흔적 없이 치워내는 남자 등 뒤에
밝은 아침이 펼쳐진다

「음식 쓰레기를 치우는 남자」 전문

새벽이면 손수레를 끌고 와서 집집 대문 밖에 내놓은 음식물 쓰레기를 치우는 환경미화원을 바라보며 쓴 작품이다. 사실적이며 별다른 수식 없이 소소한 일상을 표현한 작품이지만 '쓰레기 자리는 늘 환하다/사는 일이 찌꺼기를 버리는 일이라면/우주가 슬프고 어둡겠다'와 같은 거시적 안목이 참 신선해 보인다. 요즘같이 내면의식에 침잠하는 미시적 안목들이 시를 어렵게 만들고 있는 현실에서 가식 없이 일상의 소재들에서 우리 삶의 잔잔한 감동을 찾아낼 수만 있다면 그것은 더 큰 감동을 가져다 줄 수 있다.

금물결 은물결 토닥거려 도미가 소록소록 잠드는 아늑한 곳
부두를 따라가면 바다가 장복산 발꿈치를 간질어대고 봉우리, 봉우리 메숲에 뻐꾸기 노래 청아하게 굴렀다
바다빛 언덕에 민들레가 꽃무늬를 깔고 길섶에 선 벚꽃이 꽃구름을 날리는 곳
왜인이 떠나면서 "백년 후에 꼭 찾아오리다" 던 말을 간간이 되새기며
'빼앗길 사람 누가 있길래' 입가에 메밀꽃 짓고 있는 항구

어릴 적 몇날 며칠 동안 오빠 손을 잡고 걷다 업히며 산지사방 기거할 집 찾아다니다
여좌동 1가 산비탈에 입주했다
골목을 나서면 잔잔하고 맑은 항만이 눈에 안겨오고 매일 바닷가를 찾아가는 길
가깝지도 멀지도 않은 길에 만나는 갈피진흙에 묻힌 맛

홍합, 대합, 피조개, 캐어, 탕국이며 된장찌개로 간내에 길들여졌다
때로는 엉뚱하게 작은 놋쇠 종지 내 주먹만한 주전자 잔대도 파도에 오고가고
왜인들이 떠나면서 바다에 수장시킨 사건을 지금도 잊지 못한다
나는 그릇이 좋아 어쩔 줄 모르고 황금빛 소꿉놀이에 길들여 사는 법을 배웠나보다

이듬해 그 이듬해도 밭장이, 벗쟁이, 벽창호, 새알꼽재기… 새물청어들
바다를 닮고 바다를 지키는 장수를 푸른 파도는 키워내고 있다

「진해항」 전문

언제 읽어도 싫증을 느끼지 않는 시가 좋은 작품이다. 꾸밈이 많은 작품은 처음엔 낯설어서 멋있어 보이지만 읽을수록 그 꾸밈이 들통 나고 얄팍한 속셈이 들키게 된다. 그런 작품은 두 번 다시 읽고 싶은 마음이 사라진다. 숨결이 느껴지지 않고 작품의 진정성이 떨어지기 때문이다. 시인의 목소리가 살아 있는 시편들이 감동을 주는 것은 거짓이 없기 때문이다.
위의 시도 지나간 삶의 기억 속에서 찾아낸 현실을 다루고 있다. 다소 산문적인 진술이 보이지만 시인이 지닌 진정성이

묻어나는 작품이다. 현란한 수식과 기법을 동원한 작품이기보다는 시인의 숨소리가 느껴지고 따뜻한 몸의 온기가 전달된다. 이 시에 등장하는 소품들도 정겹고 아름다운 것들이다. 소박한 마음 씀씀이와 지나간 생활 속 풍경들이 누구나 겪었을 모습으로 진해 지역에서 사용되는 소박한 언어로 빚어져 우리에게 행복을 가져다준다.

송연우 시인의 네 번째 시의 유형으로 신앙에 관련한 시를 들 수 있겠다. 이 시집의 4부를 구성하고 있는 시들은 자신의 신앙을 앞세우지 않는 겸손한 자연 애찬라고 할 수 있다. 그러면서 시 속에 신앙이 자연스럽게 녹아 있고 대자연 속에 맡겨둔 자신의 신앙을 발견해 낸다. 어쩌면 대자연의 일부가 되어버린 신앙이다. 그러기에 낯설거나 거부감이 전혀 없이 읽혀진다.

땅 위에 백합, 수국, 불두화, 장미…
크고 작은 연못 물 위를
당금당금 걷는 수련이
그대 눈 아래에서 그림자를 반깁니다

고요를 딛고 뜨거운 햇살을 안고 피는 저
꽃마다 가진 거룩함이 모두라며
피고지고 흰 구름 지나가며
하얀 그늘을 던질 때도 살짝 웃는 얼굴

내 마음 사로잡아 일으켜 세웁니다
세상을 향해도 배운 것 없고
그리스도 게시를 받아
성심성월聖心聖月 유월 빛나는 녹음 속
피는 꽃마다 황홀한 시詩입니다

골목길 오가는 사람들도
향기며, 빛깔 고운 꽃잎에 눈길을 걸어놓고
하느님이 빚어내 주신 선물 바라봅니다
나무와 꽃 나도
거듭 나 시작하는 아침이 반갑습니다

「유월에 읽는 시」 전문

자연 속에 귀의하여 받는 축복들이 감사와 나눔이 신에게 바치는 헌사이면서 자신을 다독이는 참회문 같은 것이다. 자신이 시를 쓰는 이유일 것이다. 종교적인 거룩함보다 신에 대한 감사와 스스로를 낮추는 겸손으로 자연과 더불어 함이 곧 시가 신앙이 된 의미가 아닐까.

뜨락에 생명을 부지하고 살아가는 숱한 풀, 나무, 벌레들, 그들과 함께 살아가며 시인 자신도 뜨락의 일부가 되어버린 모습이 아름답고 행복해 보인다. 자연에서 와서 자연으로 돌아가는 우리 삶의 해답을 먼저 마련해 두고 넉넉한 품을 열어 보인다. 달관이나 관조가 아닌 삶의 여유에서 우러나오는 일상이 시의 세계로 승화되어 나타난 것이리라.

일상사가 곧 시가 되는 생활 속에서 시 쓰는 일이 가장 행복하다고 느끼는 송 시인의 작품은 관대하다. 자신에게 뿐 아니라 모든 자연에게도 그렇다. 대긍정의 힘이 상처도 아물게 하고 분노도 삭혀 주었다. 모든 것이 용서가 되는 그의 시는 눈물도 아름답고 추락도 아름답다. 그의 시는 자신이 대하는 세계에 대한 편안한 관조의 인식이 주조를 이룬다. 자신이 보고, 듣고, 느낀 순간들에 기록을 남기는 자연스런 심경의 고백 같다. 편안하게 읽혀지는 이유이기도 하지만 시에 욕심 부리지 않는 여유이기도 하다. 송 시인에게 차별화란 의미없는 일이다. 바로 스스로를 정직하게 기록하면 될 일이다. 그것이 차별화이기 때문이다.

산에는 솔바람소리, 신갈나무와 명아주나무 비비는 소리…
동박새 노래도 비탈로 내려온다
고요히 구름을 뭉쳤다가 흩어지는 하늘 아래
넓혀진 2차선 국도는 늘 비탈이 굽어본다
벼랑 끝에 아슬아슬 버티어 선 제비꽃 친구들
쉴 새 없이 언덕을 오르는 자동차 뿜어 나오는 매연보다
벼랑에 선 고달픔에 많이 울었을 게다
바람이 휘어잡고 비 회초리가 치고 발목 삐끗하면 굴러 떨어질
애타는 가슴 같은 비탈은 늘 깨어

무너지는 슬픔도 고달픔도 빛깔로 담아 꽃을 피우고 있다
진흙 없이 연꽃은 존재하지 못하고
연꽃이 없어도 진흙은 존재하듯
제비꽃, 이웃한 풀이 없다면
벼랑은 얼마나 외롭고 슬펐을까

「비탈 그리고 제비꽃」 전문

위 시에서 비탈은 시적 화자가 처한 현실을 나타낸다고 보면 된다. 여기에 피어있는 제비꽃은 힘 없고 가냘픈 우리 서민들의 모습이다. 화자가 지나 온 삶을 비탈에 선 제비꽃으로 형상화한 작품이다. 고달픔에 많이 울었고, 애타는 가슴이 비탈이 되어 서 있을 때 슬픔이나 고달픔을 꽃으로 피워 올리며 슬픔과 고달픔을 견뎌내었을 것이다. 극악한 현실을 이겨내야 하는 힘 든 세월의 끝은 아직도 지나가지 않았다. 그러나 이웃한 풀이 있어 힘 든 세월을 이겨냈다. 이웃한 풀은 시인이 평생 가꾸며 함께해 온 나무들과 숱한 화초였을 것이다. 열악한 환경 속에서 비탈에 떨구어진 생명, 숙명처럼 그것을 안고 살아가야 하는 제비꽃의 아픔을 읽을 수 있는 시인이야말로 곧 제비꽃이 아닐까. 시인이 가고자하는 자연의 순리에 자신도 이미 담겨져 있음을 느낀다.

사는 것이 흙으로 돌아가는 과정 아닐까
가시 같은 비늘이 몸에서 줄줄이 일어난다

굵은 골이 패어지고 핏줄이 지렁이처럼 그려지고
거스러미가 일어난다 흙으로 가는 길을 내고있다

흙을 향해 가는 길 아닌 듯 하면서 가는 것
나를 속이는 것이 아니고
서서히 이해시키고 가르치고 있는 것이다
아름다운 길로 인도하는 것은
또 하나의 하늘을 밟고 있다

「또 하나의 하늘」 뒷부분

흙으로 돌아 가는 길, 그 길은 아름다운 길이며 곧 하늘 나라로 가는 길이다. 그것을 알고 있는 시적 화자가 흙에서 발견한 것이 또 다른 하늘이다. 그 길이 아니라면서 그 길을 가르쳐 주는 흙 또는 살아가면서 서서히 이해시키고 있음에 감사한다.

이 시집에는 축복과 감사하는 마음이 넘치고 있다. 기다림에 익숙해진 노 시인의 서두르지 않은 삶의 귀결점이라 느껴도 무리가 아닐 것으로 생각된다. 아울러 고요함과 평화에 도달하고 싶은 간절한 기구가 이 시집에 흐르는 잔잔한 물결이 되고 있음을 발견하는 일도 어렵지 않다.